言葉のお守り

〈3章〉

詩・イラスト　わたなべあけみ

木星舎

もくじ

ボクはね
幸せの
ちょっと
手前が
いちばん
スキ

〈ちょっと手前〉

少し足りないぐらいが
ちょうどいい。
満たされる前のほうが
いつまでもワクワク
していられるからね

向日葵
咲いたよ
明るいほうへ

〈ひまわり〉

ひまわり畑で
もらったものは
お日様のエネルギーの
おすそ分けでした。

あなたが咲いている
その場所は
目立つ場所では
ないけれど
おもわず足を
止めるほど
ふしぎな魅力が
あるのです

〈不思議な魅力〉

華やかさだけが
美しいとは限らない
下向きに控えめに
あなたがそこに咲いているだけで
どんなに慰められるでしょう

初めの一歩は
勇気のかたまり
ポンと背中を
押す人は
自分の知らない
新しい自分

〈初めの一歩〉

未知の扉を開けるのは
不安と期待が入り混じり
意外と勇気がいるものです。
最強の応援団員は
自分の中にいるよ。

いい人なんて
やめてもいいのよ
ココロは自分の
持ちものだから
もっと
軽くできるはず

〈素顔のままで〉

恐がらなくて大丈夫
心に化粧をしなくても
素顔のままでいいんだよ
嫌われる事があっても
それも勉強、社会勉強

秋に野山を
歩く人
春には花摘む
人になり
夏は汗して
暮す人
冬は夢みて
眠る人

〈自然とともに〉

季節の中の人の営み
寒ければ寒いなりに
暑ければ暑いなりに
自然とともに生きられる喜び

幸せを
追いかけるために
生れたんじゃないよ
幸せは
感じるために
生れてきたんだよ

〈幸せの感じ方〉

探していると気付かない
見落としそうな平凡な中に
幸せのかけらが
ほう、あちらこちらに

すみませんより
どうも…より
感謝の気持ちを
変換すれば
ありがとうが
気持ちいいね

〈感謝と謝罪〉

有難いと思う事も
ついついすみませんで
済ませてしまいます。
感謝と謝罪は
別物なのにね

昨日《きのう》
一昨日《おととい》　一昨々日《さきおととい》
どのいち日も
戻ってこない
せめて今日の
このいち日に
名前をつけて
残しておきたい

〈名前をつけて〉

いつまでも残しておきたいと
思ういち日があります。
切ないほど大切にしたい日があります。
失くさないように名前をつけましょう

上を向いて聞くと
元気が出る
下を向いて聞くと
涙が出る
励まそうと
している
母ちゃんのデンワ

〈母ちゃんのデンワ〉

母ちゃんの声は
叱られたって温かい
励まされているのに
キュンと切ない
母ちゃんの声は
母ちゃんの声は……

時には逃避や
あきらめも
それも勇気と
呼んでやろうよ

〈それも勇気〉

出来ない自分を責めないで
止まることも、避けることも
泣くことも、叫ぶことも
必要な時があるのですから

菜の花畑が歌ってる
てんとう虫の
音符たち
好き勝手に
飛ぶものだから
音が少々ずれたって
ぜーんぶ
春の音なんです

〈春の音符〉

春の畑は賑やかだ
わいわいガヤガヤ
歌って踊って小さな命が
キラキラしている

何も言わない
気楽さと
何も言えない
気の重さ
守ってばかりの
気の弱さ
どれもあるある
わたしの中に

〈私の中身〉

鈍感な者や敏感な者
小心者や臆病者
いろんな者が私の中にいる
どれもあんまり好きじゃない
でもうまく付き合うしか
ないんだな

今、
そこにある
幸せに
気づいたもんが
いちばん
幸せもん

〈そこにあるよ〉

幸せのストライクゾーンは
広ければ広いほどいい
いくつでも
何度でもよろこべるから

明るくしているのは寂しいからで
人混みを避けるのは
孤独を思い知らされるのが
恐いからで
元気なふりをするのは
どこかに病があるからで
利口なふりをするのは
馬鹿な所を隠す為で

満たされているふりをするのは
心に隙があるのを
さとられないようにする為で

満腹のふりをするのは
貪食だと思われないように
する為で

死んだふりをするのは
私の存在に気づいてほしいからで
嘘つきだらけのカラダとココロ

泥水のんで
育っても
やさしい色で
凛と咲く
嘆きも不満も
そこには見えない

〈花〉

花は嘆かない
花は微笑んでいる
花は歌っている
花は語っている
花はただそこに咲いている

大事なものって
なんだろう
おやつ探しの
うまいネコ
しあわせ探しの
ヘタな君
小さな部屋の
ひとりと一匹

〈大切なもの〉

大切なもの
君とネコ
大切なもの
ご飯とおやつ
大切なもの
それを感じるこの時間

朝顔は
支えがあっての
おかげだと
花は知って
いるかのよう

〈朝　顔〉

支えのおかげで
上へ上へと伸びて咲く
朝顔からありがとうが
聞こえます。

あなたの
大きな
手
私の
小さな
こころ

〈手〉

大きな手のひらは
小さな悩みや悲しみも
まとめて包み込んで
くれそうです。

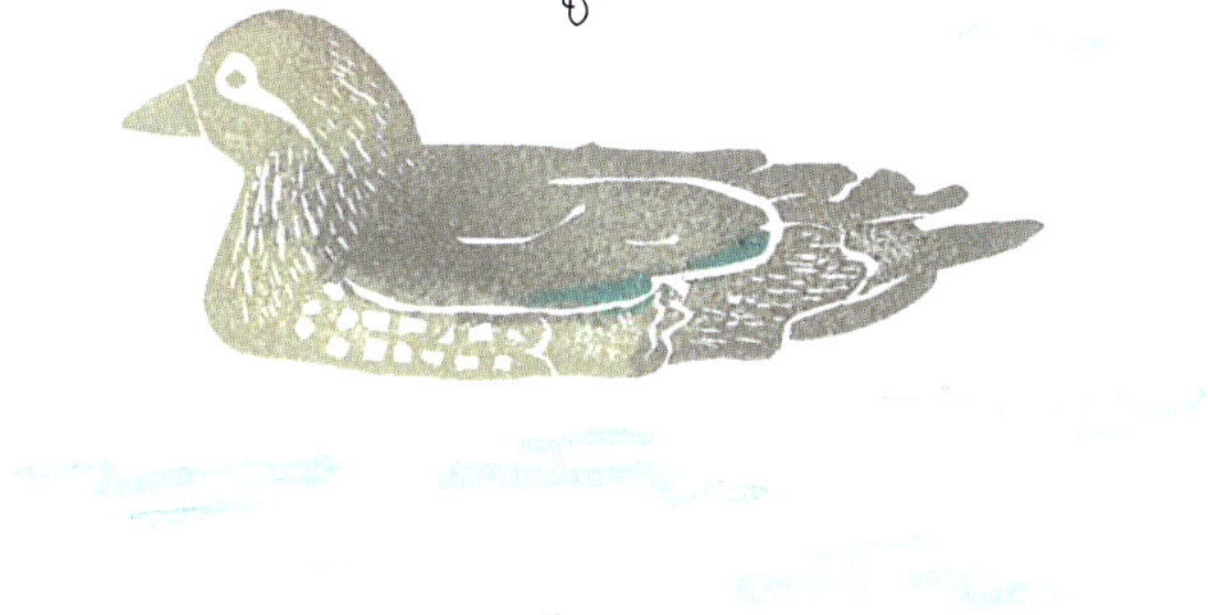

空からインクが
地面に落ちて
青く染まった
オオイヌノフグリ
雑草なんて
言えないよ
花屋に売って
いないだけ

〈値段のない花〉

道端の片隅に小さく
群れていた青い花
花屋に陳列されていないのは
きっと、値段がつけられないほど
美しいから

鼻歌ってね
楽しい時だけ
歌っているとは
限らないんだ

〈鼻　歌〉

人って苦しい時も
鼻歌を歌うんだよ
そうやって
どこかの痛みを
紛らわせているのかも
知れません

あなたが
いないと
ダメなんです
エンドウ豆は
告白してる

〈エンドウマメ〉

エンドウ豆の恋は
隠していてもすぐバレる
握ったその手は離さない
頑張れエンドウ豆

一緒に
笑おうよ
ネェ
きみ

〈一緒に笑おうよ〉

ひとりじゃ愉快に笑えない
一緒に笑えば楽しさ倍増
ねぇ、ここに来て
一緒に笑おうよ

人はなぜ
一生懸命さに
感動するんだろう
頑張っているのは
自分じゃないのに

〈感　動〉

頑張っているのは
自分じゃないのに
感動だけはプロ級なんだ

石コロ
蹴られて
コロリと転がる
石コロ
蹴られて
喜んだ
ワタシはココに
居ますよと

〈石コロ〉

偶然、躓いて蹴られた
それだけかも知れないのに
自分の存在に触れてくれた
石コロはそれが嬉しくて
たまらないのです。

タンポポは
あしたも笑顔で
咲くために
こっそり泣きます
雨の日に

〈ちょっと泣かせて〉

あなたに元気を
届けたくて
風に飛ぶまで、
私は微笑み続けるけど
雨の日だけは、
ちょっと泣かせて

アタシね
ささやかでいいんよ
笑い転げるような
でっかい幸せもいらん
左手で扇ぐほどの
お金もいらん
アタシの幸せは今
そんな所にはないんよ

〈小さいがいい〉

小さいほうがいい
余計はいらない
笑える泣ける
心が生きてる
証です

君でなければ
ならない事が
ひとつやふたつ
きっとある
少なくていい
少ないほうが
いいんだよ

〈君でなきゃ〉

出来ることは少なくていい
夢は必要だけど
たくさんはいらない
深く深く根付くためにも
少なくていい

ただ
それだけの
こと

〈超　越〉

何度超えたら言えるように
なるのだろう
ただそれだけの事よって
いつかそう言える
心の大人になりたい

寛容の精神が醸成される社会へ

立花高等学校校長　齋藤 眞人

「あの方の作品はどうやったら手に入りますか？」

昨年私に寄せられた圧倒的NO．1の質問です。

私の拙い講演は、必ずわたなべあけみさんの作品で始まり、わたなべあけみさんの作品で終わるのです。すると、どの会場でも決まって冒頭の質問を受けるのです。聴衆の方々の心に残るのは、私の講演内容ではなくわたなべあけみさんの素敵な作品の魅力なのです。

わたなべあけみさんご自身は、私へのお手紙の中で「綺麗な言葉できれいな詩を書くことは、やろうと思えば書けるかもしれませんが、それは綺麗なだけのイミテーションであって、私は持っていない感情を書くことはできません」と心境を語っていらっしゃいます。

「いや、わたなべさん！　そこですよ？　そこが一番の魅力なんですよ！」

と、叫びたいのです。

ご自身が経験した想いを、飾り気なくまっすぐに書き記されるからこそ、今まさにその渦中にある多くの方々の心に直接響くのでしょう。

「頑張れ！」と何回励まされるよりもうんと、「この方なら今の私の気持ちをわかってくださるのでは？」という共感的理解の安心感が、読む人の心に広がるのです。その心地良さこそ、今の社会全体に枯渇している大切なスパイスなのではないでしょうか。

さぁ、皆さん。待望の第三章ですよ。皆さんが待ち望んだわたなべあけみさんの世界が、今ここに皆さんの手元に届いていることは、この上ない喜びです。希望です。行間に広がる寛容さに、共にうんと抱きしめられようではありませんか。

社会が求めているのは美しいイミテーションではありません。勢いだけの叱咤激励でもありません。うん、うん、と頷き抱きしめてくれる、物言わぬ微笑みなのです。この一冊がそんな「寛容の精神が醸成される社会」へとつながっていくことを信じて。

二〇一九年　新春

あとがき

私の頭の中にはサーモスイッチが付いているらしい。

悩みなんてものは限りがない。現れては消え、また現れる。自分の努力、考えや行動で解決できない問題は「解決しない」ということに、早めに気が付くことが大事かもしれない。

しかし、そこに考えが及ぶまでは、夜な夜な思い悩み、涙し、心は悲鳴を上げている。そして、それが沸騰点に達するとサーモスイッチがパチンと入る。

制御装置は自分の脳や心身を守るため、知らないうちに働いているのかもしれない。

もう、一生分悩んだ、自分の力の及ぶところではない、そう思ったら、後は天の神様や仏様にお任せし、祈るしかないのだ。

そして、好きな音楽を聴いてみる。出来れば声を出して歌ってみる。

一見、それを手放したように見せかけ、実は心の底では、今寝かしつけたばかりの赤ん坊が起きないように、そっと刺激をしないようにしているだけなのでしょうが、それでも手放したフリだけでもよいのです。やってみましょう。

日常の生活に笑いを取り入れ、微笑むことからはじめましょう。

あなたが笑えば周りも笑う。

あなたが笑えば子どもが笑う。

口角が上がれば、不思議と少し余裕ができる。わずかに緩んだ心の隙間から入る風の心地よさを感じることが出来れば、新しい自分に出会えるチャンスが近いのです。

そう言いながらも、自分の子育てを振り返ると、いたらぬことばかりだった。

年齢を重ねてやっと見え始めることが多いことに、俄然気が付く。

あの頃は自己中でがむしゃらだった。

今なら君に幸せの見つけ方を教えることができそうな気がするけれど……。

〈追記〉

『言葉のお守り　3章』の出版はなかば諦めておりましたが、背中を押し続けてくださったのは立花高校の齋藤校長でした。校長は私の愚作を褒めてくださるのです。

いい歳の大人も褒められると気持ちが良いものですから、子ども達は尚更のことでしょう。

教育者として、人として大きな包容力のある齋藤先生を尊敬してやみません。

それから、この本の校正を担当してくださった木星舎の波多江さん、ありがとうございました。お陰様で心に残る一冊が出来ましたことを心から感謝申し上げます。

二〇一九年二月　白梅満開の頃

わたなべあけみ

Heritageにて

わたなべあけみ

大分県生まれ。東京、北九州に移り住み、現在、福岡県宗像市に在住。ポップアーティスト。「絵を描くように言葉を描きたい」という思いから筆をとる。古布、麻布、小枝などで作った額縁に作品を入れ、各地で詩画展を開催、何げない日常のなかで生まれたナイーブな作品で、多くの人の共感を得る。

言葉のお守り　3章

2019年3月10日　第一刷発行
著　者　　わたなべあけみ
発行所　　図書出版木星舎　〒814-0001　福岡市早良区西新7-1-58-207　TEL 092-833-7140　FAX 092-833-7141
印刷・製本　青雲印刷　〒803-0841　北九州市小倉北区清水1-8-7　TEL 093-561-3128　FAX 092-592-2873

ISBN978-4-909317-08-7